xue xiao - 学校   2
lü xing - 旅行   5
jiao tong yun shu - 交通运输   8
cheng shi - 城市   10
di xing - 地形   14
can guan - 餐馆   17
chao shi - 超市   20
yin liao - 饮料   22
shi wu - 食物   23
nong chang - 农场   27
fang zi - 房子   31
ke ting - 客厅   33
chu fang - 厨房   35
yu shi - 浴室   38
er tong fang - 儿童房   42
yi fu - 衣服   44
ban gong shi - 办公室   49
jing ji - 经济   51
zhi ye - 职业   53
gong ju - 工具   56
yue qi - 乐器   57
dong wu yuan - 动物园   59
ti yu - 体育   62
huo dong - 活动   63
jia - 家   67
shen ti - 身体   68
yi yuan - 医院   72
jin ji qing kuang - 紧急情况   76
di qiu - 地球   77
zhong biao - 钟表   79
zhou - 周   80
nian - 年   81
xing zhuang - 形状   83
yan se - 颜色   84
fan yi ci - 反义词   85
shu zi - 数字   88
yu yan - 语言   90
shei / shen me / zen yang - 谁/什么/怎样   91
fang wei - 方位   92

Impressum
Verlag: BABADADA GmbH, Nedderfeld 112 , 22529 Hamburg
Geschäftsführer / Verlagsleitung: Harald Hof
Druck: Books on Demand GmbH, In de Tarpen 42, 22848 Norderstedt

Imprint
Publisher: BABADADA GmbH, Nedderfeld 112 , 22529 Hamburg, Germany
Managing Director / Publishing direction: Harald Hof
Print: Books on Demand GmbH, In de Tarpen 42, 22848 Norderstedt, Germany

jiao shi
教室

chu
除

186/2

xiao yuan
校园

hei ban
黑板

lao shi
老师

zhi
纸

shu xie
书写

gang bi
钢笔

ban gong zhuo
办公桌

zhi chi
直尺

shu
书

xue sheng
学生

shu bao

书包

qian bi he

铅笔盒

qian bi

铅笔

juan bi dao

卷笔刀

xiang pi ca

橡皮擦

hua ban

画板

tu hua

图画

hua bi

画笔

yan liao he

颜料盒

jian dao

剪刀

jiao shui

胶水

lian xi ce

练习册

jia ting zuo ye

家庭作业

shu zi

数字

jia

加

jian

减

cheng

乘

ji suan

计算

zi mu

字母

zi mu biao

字母表

zi

字

ke wen

课文

du

读

fen bi

粉笔

shang ke

上课

deng ji

登记

kao shi

考试

zheng shu

证书

xiao fu

校服

jiao yu

教育

bai ke quan shu

百科全书

da xue

大学

xian wei jing

显微镜

di tu

地图

fei zhi kuang

废纸筐

jiu dian
酒店

Grand

qing nian lü xing she
青年旅社

wai bi dui huan chu
外币兑换处

shou ti xiang
手提箱

qi che
汽车

yu yan
语言

shi/fou
是/否

hao de
好的

nin hao
您好

fan yi yuan
翻译员

xie xie
谢谢

......duo shao qian?

......多少钱？

wo bu ming bai

我不明白

wen ti

问题

wan shang hao!

晚上好！

zao shang hao!

早上好！

wan an!

晚安！

zai jian

再见

fang xiang

方向

xing li

行李

bao

包

shuang jian bao

双肩包

ke ren

客人

fang jian

房间

shui dai

睡袋

zhang peng

帐篷

lü you xin xi

旅游信息

hai tan

海滩

xin yong ka

信用卡

zao can

早餐

wu can

午餐

wan can

晚餐

piao

票

dian ti

电梯

you piao

邮票

bian jie

边界

hai guan

海关

da shi guan

大使馆

qian zheng

签证

hu zhao

护照

fei ji
飞机

chuan
船

xiao fang che
消防车

gong jiao che
公交车

ka che
卡车

qi ting
汽艇

zi xing che
自行车

qi che
汽车

bai du chuan

摆渡船

xiao chuan

小船

mo tuo che

摩托车

jing che

警车

sai che

赛车

zu che

租车

pin che

拼车

tuo che

拖车

la ji che

垃圾车

fa dong ji

发动机

qi you

汽油

jia you zhan

加油站

jiao tong biao zhi

交通标志

jiao tong

交通

jiao tong du sai

交通堵塞

ting che chang

停车场

huo che zhan

火车站

gui dao

轨道

huo che

火车

dian che

电车

huo che

货车

zhi sheng ji

直升机

ji chang

机场

ta

塔

cheng ke

乘客

ji zhuang xiang

集装箱

zhi ban xiang

纸板箱

shou tui che

手推车

lan zi

篮子

qi fei/jiang luo

起飞/降落

cheng shi

城市

cun zhuang

村庄

shi zhong xin

市中心

fang zi

房子

dian ying yuan
电影院

guang gao
广告

lu deng
路灯

jie dao
街道

chu zu che
出租车

CINEMA

xing ren
行人

xiao chi dian
小吃店

ren xing dao
人行道

shi zi lu kou
十字路口

ban ma xian
斑马线

la ji xiang
垃圾箱

hong lü deng
红绿灯

xiao wu

小屋

gong yu

公寓

huo che zhan

火车站

shi zheng ting

市政厅

bo wu guan

博物馆

xue xiao

学校

da xue

大学

yin hang

银行

yi yuan

医院

jiu dian

酒店

yao fang

药房

ban gong shi

办公室

shu dian

书店

shang dian

商店

hua dian

花店

chao shi

超市

shi chang

市场

bai huo shang dian

百货商店

yu dian

鱼店

gou wu zhong xin

购物中心

hai gang

海港

gong yuan

公园

chang deng

长凳

qiao

桥

lou ti

楼梯

di tie

地铁

sui dao

隧道

gong jiao che zhan

公交车站

jiu ba

酒吧

can guan

餐馆

you tong

邮筒

lu biao

路标

ting che ji shi qi

停车计时器

dong wu yuan

动物园

you yong guan

游泳馆

qing zhen si

清真寺

nong chang

农场

wu ran

污染

mu di

墓地

jiao tang

教堂

cao chang

操场

si miao

寺庙

di xing

地形

shu ye
树叶

zhi shi pai
指示牌

lu
路

cao di
草地

shi tou
石头

tu bu lü xing zhe
徒步旅行者

shu
树

he
河

cao
草

hua
花

xia gu

峡谷

shan

山

hu

湖

sen lin

森林

sha mo

沙漠

huo shan

火山

cheng bao

城堡

cai hong

彩虹

mo gu

蘑菇

zong lü shu

棕榈树

wen zi

蚊子

cang ying

苍蝇

ma yi

蚂蚁

mi feng

蜜蜂

zhi zhu

蜘蛛

jia chong

甲虫

qing wa

青蛙

song shu

松鼠

ci wei

刺猬

ye tu

野兔

mao tou ying

猫头鹰

niao

鸟

tian e

天鹅

ye zhu

野猪

lu

鹿

mi lu

麋鹿

shui ba

水坝

feng li fa dian ji

风力发电机

tai yang neng dian chi ban

太阳能电池板

qi hou

气候

fu wu yuan
服务员

cai dan
菜单

yi zi
椅子

pi sa bing
披萨饼

tang
汤

zhuo bu
桌布

can ju
餐具

qian cai

前菜

zhu cai

主菜

tian dian

甜点

yin liao

饮料

shi wu

食物

ping zi

瓶子

kuai can

快餐

jie bian xiao chi

街边小吃

cha hu

茶壶

tang he

糖盒

yi fen fan cai

一份饭菜

yi shi ka fei ji

意式咖啡机

gao jiao yi

高脚椅

zhang dan

账单

tuo pan

托盘

dao

刀

can cha

餐叉

shao zi

勺子

cha chi

茶匙

can jin

餐巾

bo li bei

玻璃杯

die zi

碟子

tang pan

汤盘

die zi

碟子

jiang

酱

yan ping

盐瓶

hu jiao mo

胡椒磨

cu

醋

shi yong you

食用油

tiao wei liao

调味料

fan qie jiang

番茄酱

jie mo

芥末

dan huang jiang

蛋黄酱

te jia
特价

gu ke
顾客

ru zhi pin
乳制品

shui guo
水果

gou wu che
购物车

FOR

rou pu

肉铺

mian bao fang

面包房

cheng zhong

称重

shu cai

蔬菜

rou

肉

leng dong shi pin

冷冻食品

leng pan

冷盘

guan tou shi pin

罐头食品

xi yi fen

洗衣粉

tian shi

甜食

ri yong pin

日用品

qing jie yong pin

清洁用品

xiao shou yuan

销售员

shou yin ji

收银机

shou yin yuan

收银员

gou wu qing dan

购物清单

kai fang shi jian

开放时间

qian bao

钱包

xin yong ka

信用卡

dai zi

袋子

su liao dai

塑料袋

chao shi - 超市

shui

水

guo zhi

果汁

niu nai

牛奶

ke le

可乐

hong jiu

红酒

pi jiu

啤酒

jiu

酒

ke ke

可可

cha

茶

ka fei

咖啡

yi shi nong suo ka fei

意式浓缩咖啡

ka bu qi nuo

卡布奇诺

xiang jiao

香蕉

ping guo

苹果

cheng zi

橙子

xi gua

西瓜

ning meng

柠檬

hu luo bo

胡萝卜

da suan

大蒜

zhu zi

竹子

yang cong

洋葱

mo gu

蘑菇

jian guo

坚果

mian tiao

面条

yi da li mian tiao

意大利面条

mi fan

米饭

sha la

沙拉

shu tiao

薯条

zha tu dou

炸土豆

pi sa bing

披萨饼

han bao bao

汉堡包

san ming zhi

三明治

zha zhu pai

炸猪排

huo tui

火腿

sa la mi

萨拉米

xiang chang

香肠

ji rou

鸡肉

kao rou

烤肉

yu

鱼

yan mai pian

燕麦片

mu zi li

穆兹利

yu mi pian

玉米片

mian fen

面粉

yang jiao mian bao

羊角面包

mian bao juan

面包卷

mian bao

面包

kao mian bao

烤面包

bing gan

饼干

huang you

黄油

ning ru

凝乳

dan gao

蛋糕

dan

蛋

jian dan

煎蛋

nai lao

奶酪

bing ji lin

冰激凌

tang

糖

feng mi

蜂蜜

guo jiang

果酱

qiao ke li jiang

巧克力酱

ga li fan

咖喱饭

nong she
农舍

liang cang
粮仓

dao cao kun
稻草捆

tian ye
田野

ma
马

tuo che
拖车

ma ju
马驹

tuo la ji
拖拉机

lü
驴

yang
羊

gao yang
羔羊

shan yang

山羊

nai niu

奶牛

niu du

牛犊

zhu

猪

xiao zhu

小猪

gong niu

公牛

e

鹅

ya

鸭

xiao ji

小鸡

mu ji

母鸡

gong ji

公鸡

shu

鼠

mao

猫

lao shu

老鼠

niu

牛

gou

狗

gou wu

狗屋

hua yuan jiao shui ruan guan

花园浇水软管

sa shui hu

洒水壶

chang bing da lian dao

长柄大镰刀

li

犁

lian dao

镰刀

chu tou

锄头

chang bing cao pa

长柄草耙

fu tou

斧头

du lun shou tui che

独轮手推车

si liao cao

饲料槽

niu nai guan

牛奶罐

ma bu dai

麻布袋

zha lan

栅栏

ma jiu

马厩

wen shi

温室

tu rang

土壤

zhong zi

种子

fei liao

肥料

lian he shou ge ji

联合收割机

shou ge

收割

shou ge

收割

shan yao

山药

xiao mai

小麦

da dou

大豆

tu dou

土豆

yu mi

玉米

you cai zi

油菜籽

guo shu

果树

shu shu

树薯

gu wu

谷物

yan cong
烟囱

wu ding
屋顶

luo shui guan
落水管

chuang hu
窗户

che ku
车库

men ling
门铃

men
门

la ji tong
垃圾桶

xin xiang
信箱

hua yuan
花园

ke ting

客厅

yu shi

浴室

chu fang

厨房

wo shi

卧室

er tong fang

儿童房

can ting

餐厅

di ban

地板

qiang bi

墙壁

diao ding

吊顶

di jiao

地窖

sang na

桑拿

yang tai

阳台

lu tai

露台

you yong chi

游泳池

ge cao ji

割草机

bei dan

被单

chuang zhao

床罩

chuang

床

sao zhou

扫帚

shui tong

水桶

kai guan

开关

bi zhi
壁纸

zhao pian
照片

tai deng
台灯

ge jia
搁架

chu gui
橱柜

bi lu
壁炉

dian shi ji
电视机

hua
花

dian zi
垫子

sha fa
沙发

hua ping
花瓶

yao kong qi
遥控器

di tan

地毯

chuang lian

窗帘

can zhuo

餐桌

yi zi

椅子

yao yi

摇椅

fu shou yi

扶手椅

shu

书

tan zi

毯子

zhuang shi pin

装饰品

mu chai

木柴

dian ying

电影

gao bao zhen yin xiang

高保真音响

yao shi

钥匙

bao zhi

报纸

you hua

油画

hai bao

海报

shou yin ji

收音机

bi ji ben

笔记本

xi chen qi

吸尘器

xian ren zhang

仙人掌

la zhu

蜡烛

bing xiang
冰箱

wei bo lu
微波炉

chu fang cheng
厨房秤

kao mian bao ji
烤面包机

xi jie jing
洗洁精

kao xiang
烤箱

bing gui
冰柜

la ji tong
垃圾桶

xi wan ji
洗碗机

chui ju

炊具

guo

锅

zhu tie guo

铸铁锅

sha guo

炒锅

ping di guo

平底锅

shui hu

水壶

zheng guo

蒸锅

kao pan

烤盘

tao ci guo

陶瓷锅

ma ke bei

马克杯

wan

碗

kuai zi

筷子

chang bing shao

长柄勺

chan zi

铲子

jiao ban qi

搅拌器

lü wang

滤网

shai zi

筛子

mo sui ji

磨碎机

yan bo

研钵

shao kao

烧烤

ming huo

明火

cai ban

菜板

gan mian zhang

擀面杖

kai ping qi

开瓶器

guan zi

罐子

kai ping qi

开罐器

ge re shou tao

隔热手套

shui cao

水槽

shua zi

刷子

hai mian

海绵

jiao ban ji

搅拌机

leng cang xiang

冷藏箱

nai ping

奶瓶

shui long tou

水龙头

lin yu
淋浴

gong nuan she bei
供暖设备

mao jin
毛巾

yu lian
浴帘

pao mo yu
泡沫浴

yu gang
浴缸

bo li bei
玻璃杯

xi yi ji
洗衣机

ci zhuan
瓷砖

shui long tou
水龙头

bian hu
便壶

shui cao
水槽

ce suo

厕所

dun bian qi

蹲便器

zuo yu qi

坐浴器

xiao bian chi

小便池

ce zhi

厕纸

ma tong shua

马桶刷

ya shua

牙刷

ya gao

牙膏

ya xian

牙线

xi

洗

shou chi shi pen lin tou

手持式喷淋头

chong xi qi

冲洗器

xi lian pen

洗脸盆

ca bei shua

擦背刷

fei zao

肥皂

mu yu lu

沐浴露

xi fa shui

洗发水

fa lan rong

法兰绒

pai shui

排水

ru shuang

乳霜

chu chou ji

除臭剂

jing zi

镜子

shou jing

手镜

ti xu dao

剃须刀

ti xu pao mo

剃须泡沫

xu hou shui

须后水

shu zi

梳子

shua zi

刷子

chui feng ji

吹风机

pen fa ding xing ji

喷发定型剂

hua zhuang pin

化妆品

chun gao

唇膏

zhi jia you

指甲油

hua zhuang mian

化妆棉

zhi jia jian

指甲剪

xiang shui

香水

xi shu bao

洗漱包

deng zi

凳子

ji zhong cheng

计重秤

yu pao

浴袍

xiang jiao shou tao

橡胶手套

wei sheng mian tiao

卫生棉条

wei sheng jin

卫生巾

hua xue ce suo

化学厕所

nao zhong
闹钟

mao rong wan ju
毛绒玩具

wan ju che
玩具车

bo lang gu
拨浪鼓

wan ju wu
玩具屋

li wu
礼物

qi qiu
气球

chuang
床

(yang wa wa yong)ying er
che
（洋娃娃用）婴儿车

pu ke pai
扑克牌

pin tu
拼图

man hua
漫画

le gao ji mu

乐高积木

ji mu wan ju

积木玩具

wan ju ren

玩具人

ying er fu

婴儿服

fei pan

飞盘

chuang ling wan ju

床铃玩具

qi pan you xi

棋盘游戏

shai zi

骰子

huo che mo xing

火车模型

an fu nai zui

安抚奶嘴

ju hui

聚会

hui ben

绘本

qiu

球

yang wa wa

洋娃娃

wan

玩

sha keng

沙坑

qiu qian

秋千

wan ju

玩具

you xi ji

游戏机

san lun che

三轮车

tai di xiong

泰迪熊

yi chu

衣柜

yi fu

衣服

wa zi

袜子

chang wa

长袜

jin shen ku

紧身裤

wei jin
围巾

pi dai
皮带

yu san
雨伞

T xu
T恤

xue zi
靴子

tuo xie
拖鞋

yun dong xie
运动鞋

liang xie
凉鞋

xie
鞋

yu xue
雨靴

nei ku
内裤

xiong zhao
胸罩

bei xin
背心

shen ti

身体

ku zi

裤子

niu zai ku

牛仔裤

duan qun

短裙

nü shi chen shan

女式衬衫

chen shan

衬衫

tao tou shan

套头衫

wei yi

卫衣

xi zhuang jia ke

西装夹克

jia ke

夹克

wai tao

外套

yu yi

雨衣

tao zhuang

套装

lian yi qun

连衣裙

hun sha

婚纱

xi zhuang

西装

shui pao

睡袍

shui yi

睡衣

sha li

莎丽

tou jin

头巾

bao tou jin

包头巾

bo ka

波卡

ka fu tan

卡夫坦

(a la bo shi)chang pao

(阿拉伯式)长袍

yong yi

泳衣

nan shi yong ku

男式泳裤

duan ku

短裤

yun dong fu

运动服

wei qun

围裙

shou tao

手套

niu kou

纽扣

yan jing

眼镜

shou lian

手链

xiang lian

项链

jie zhi

戒指

er huan

耳环

bian mao

便帽

yi jia

衣架

mao zi

帽子

ling dai

领带

la lian

拉链

tou kui

头盔

bei dai

背带

xiao fu

校服

zhi fu

制服

wei dou

围兜

an fu nai zui

安抚奶嘴

niao bu shi

尿不湿

ban gong shi

办公室

fu wu qi
服务器

wen jian gui
文件柜

da yin ji
打印机

zhi
纸

xian shi ping
显示屏

ban gong zhuo
办公桌

shu biao
鼠标

wen jian jia
文件夹

jian pan
键盘

fei zhi kuang
废纸筐

dian nao
电脑

yi zi
椅子

ka fei bei

咖啡杯

ji suan qi

计算器

yin te wang

因特网

bi ji ben dian nao

笔记本电脑

xin jian

信件

xiao xi

消息

shou ji

手机

wang luo

网络

fu yin ji

复印机

ruan jian

软件

dian hua

电话

cha zuo

插座

chuan zhen ji

传真机

biao ge

表格

wen jian

文件

mai

买

fu qian

付钱

jiao yi

交易

xian jin

现金

mei yuan

美元

ou yuan

欧元

ri yuan

日元

lu bu

卢布

rui shi fa lang

瑞士法郎

ren min bi

人民币

lu bi

卢比

ti kuan chu

提款处

wai bi dui huan chu

外币兑换处

jin

金

yin

银

shi you

石油

neng yuan

能源

jia ge

价格

he tong

合同

shui jin

税金

gu piao

股票

gong zuo

工作

zhi yuan

职员

lao ban

老板

gong chang

工厂

shang dian

商店

jing guan
警官

xiao fang yuan
消防员

chu shi
厨师

yi sheng
医生

fei xing yuan
飞行员

yuan ding

园丁

mu jiang

木匠

cai feng

裁缝

fa guan

法官

hua xue jia

化学家

yan yuan

演员

gong jiao che si ji

公交车司机

chu zu che si ji

出租车司机

yu fu

渔夫

qing jie nü gong

清洁女工

wu ding gong

屋顶工

fu wu yuan

服务员

lie ren

猎人

hua jia

画家

mian bao shi

面包师

dian gong

电工

jian zhu gong ren

建筑工人

gong cheng shi

工程师

tu fu

屠夫

shui guan gong

水管工

you di yuan

邮递员

shi bing

士兵

jian zhu shi

建筑师

shou yin yuan

收银员

hua nong

花农

li fa shi

理发师

shou piao yuan

售票员

ji xie shi

机械师

chuan zhang

船长

ya yi

牙医

ke xue jia

科学家

la bi

拉比

yi ma mu

伊玛目

he shang

和尚

mu shi

牧师

tie chui
铁锤

qian zi
钳子

luo si dao
螺丝刀

ban shou
扳手

shou dian tong
手电筒

wa je ji

挖掘机

gong ju xiang

工具箱

ti zi

梯子

ju zi

锯子

ding zi

钉子

zuan ji

钻机

xiu

修

chan zi

铲子

kao!

靠！

bo ji

簸箕

you qi tong

油漆桶

luo si

螺丝

yue qi

乐器

yang sheng qi
扬声器

da ji yue qi
打击乐器

ji ta
吉他

di yin ti qin
低音提琴

xiao hao
小号

gang qin

钢琴

xiao ti qin

小提琴

bei si

贝斯

ding yin gu

定音鼓

gu

鼓

dian zi qin

电子琴

sa ke si guan

萨克斯管

chang di

长笛

mai ke feng

麦克风

ru kou
入口

lao hu
老虎

long zi
笼子

ban ma
斑马

dong wu si liao
动物饲料

xiong mao
熊猫

dong wu

动物

da xiang

大象

dai shu

袋鼠

xi niu

犀牛

da xing xing

大猩猩

xiong

熊

luo tuo

骆驼

tuo niao

鸵鸟

shi zi

狮子

hou zi

猴子

huo lie niao

火烈鸟

ying wu

鹦鹉

bei ji xiong

北极熊

qi e

企鹅

sha yu

鲨鱼

kong que

孔雀

she

蛇

e yu

鳄鱼

dong wu yuan guan li yuan

动物园管理员

hai bao

海豹

mei zhou bao

美洲豹

ai zhong ma

矮种马

bao

豹

he ma

河马

chang jing lu

长颈鹿

lao ying

老鹰

ye zhu

野猪

yu

鱼

gui

龟

hai xiang

海象

hu li

狐狸

ling yang

羚羊

gan lan qiu
橄榄球

qi zi xing che
骑自行车

wang qiu
网球

lan qiu
篮球

you yong
游泳

quan ji
拳击

bing qiu
冰球

ying shi zu qiu
英式足球

yu mao qiu
羽毛球

tian jing
田径

shou qiu
手球

hua xue
滑雪

ma qiu
马球

tiao
跳

yong bao
拥抱

xiao
笑

zou lu
走路

chang
唱

zuo meng
做梦

qi dao
祈祷

qin wen
亲吻

shu xie	hua	zhan shi
书写	画	展示
tui	gei	na
推	给	拿

you

有

zuo

做

dang

当

zhan

站

pao

跑

la

拉

reng

扔

shuai dao

摔倒

tang

躺

deng dai

等待

xie dai

携带

zuo

坐

chuan yi

穿衣

shui jiao

睡觉

xing lai

醒来

kan

看

ku

哭

fu mo

抚摸

shu tou

梳头

jiao tan

交谈

ming bai

明白

wen

问

ting

听

he

喝

chi

吃

qing li

清理

ai

爱

zuo fan

做饭

kai che

开车

fei

飞

hang xing

航行

ji suan

计算

du

读

xue xi

学习

gong zuo

工作

jie hun

结婚

feng

缝

shua ya

刷牙

sha

杀

chou yan

抽烟

ji

寄

zu mu
祖母

zu fu
祖父

fu qin
父亲

mu qin
母亲

ying tong
婴童

nü er
女儿

er zi
儿子

ke ren

客人

a yi

阿姨

shu shu

叔叔

xiong di

兄弟

jie mei

姐妹

qian e
前额

yan jing
眼睛

jian bang
肩膀

shou zhi
手指

lian
脸

xia ba
下巴

shou
手

ru fang
乳房

tui
腿

shou bi
手臂

ying tong

婴童

nan ren

男人

nü ren

女人

nü hai

女孩

nan hai

男孩

tou

头

bei bu

背部

du zi

肚子

du qi

肚脐

jiao zhi

脚趾

jiao hou gen

脚后跟

gu tou

骨头

tun bu

臀部

xi gai

膝盖

shou zhou

手肘

bi zi

鼻子

pi gu

屁股

pi fu

皮肤

lian jia

脸颊

er duo

耳朵

zui chun

嘴唇

zui

嘴

ya chi

牙齿

she tou

舌头

nao

脑

xin zang

心脏

ji rou

肌肉

fei

肺

gan zang

肝脏

wei

胃

shen zang

肾脏

xing jiao

性交

bi yun tao

避孕套

luan zi

卵子

jing zi

精子

huai yun

怀孕

yue jing

月经

yin dao

阴道

yin jing

阴茎

mei mao

眉毛

tou fa

头发

bo zi

脖子

yi yuan
医院

jiu hu che
救护车

lun yi
轮椅

gu zhe
骨折

yi sheng

医生

ji zhen shi

急诊室

hu shi

护士

jin ji qing kuang

紧急情况

hun mi

昏迷

tong

痛

shou shang

受伤

chu xue

出血

xin zang bing fa zuo

心脏病发作

zhong feng

中风

guo min

过敏

ke sou

咳嗽

fa shao

发烧

liu gan

流感

fu xie

腹泻

tou tong

头痛

ai zheng

癌症

tang niao bing

糖尿病

wai ke yi sheng

外科医生

shou shu dao

手术刀

shou shu

手术

CT

CT

X guang

X光

chao sheng bo

超声波

kou zhao

口罩

ji bing

疾病

hou zhen shi

候诊室

guai zhang

拐杖

shi gao

石膏

beng dai

绷带

zhu she

注射

ting zhen qi

听诊器

dan jia

担架

ti wen ji

体温计

chu sheng

出生

chao zhong

超重

zhu ting qi

助听器

xiao du ye

消毒液

gan ran

感染

bing du

病毒

ai zi bing

艾滋病

yao wu

药物

jie zhong yi miao

接种疫苗

yao pian

药片

yao wan

药丸

ji jiu dian hua

急救电话

xue ya ji

血压计

sheng bing/jian kang

生病/健康

jiu ming!

救命！

jing bao

警报

tu ji

突击

gong ji

攻击

wei xian

危险

jin ji chu kou

紧急出口

zhao huo la!

着火啦！

mie huo qi

灭火器

yi wai

意外

ji jiu xiang

急救箱

hu jiu xin hao

呼救信号

jing cha

警察

ou zhou

欧洲

bei mei zhou

北美洲

nan mei zhou

南美洲

fei zhou

非洲

ya zhou

亚洲

ao zhou

澳洲

da xi yang

大西洋

tai ping yang

太平洋

yin du yang

印度洋

nan bing yang

南冰洋

bei bing yang

北冰洋

bei ji

北极

nan ji

南极

nan ji zhou

南极洲

di qiu

地球

lu di

陆地

hai

海

dao

岛

guo jia

国家

guo jia

国家

zhong mian

钟面

shi zhen

时针

fen zhen

分针

miao zhen

秒针

xian zai ji dian?

现在几点？

tian

天

shi jian

时间

xian zai

现在

dian zi biao

电子表

fen

分

shi

时

zhou yi 周一
zhou san 周三
zhou wu 周五
zhou er 周二
zhou si 周四
zhou liu 周六
zhou ri 周日

zuo tian

昨天

jin tian

今天

ming tian

明天

zao chen

早晨

zhong wu

中午

wan shang

晚上

gong zuo ri

工作日

zhou mo

周末

yu
雨

cai hong
彩虹

xue
雪

chun
春

feng
风

qiu
秋

xia
夏

dong
冬

tian qi yu bao

天气预报

wen du ji

温度计

yang guang

阳光

yun

云

wu

雾

chao shi

潮湿

shan dian

闪电

da lei

打雷

feng bao

风暴

bing bao

冰雹

ji feng

季风

hong shui

洪水

bing

冰

yi yue

一月

er yue

二月

san yue

三月

si yue

四月

wu yue

五月

liu yue

六月

qi yue

七月

ba yue

八月

jiu yue

九月

shi yue

十月

shi yi yue

十一月

shi er yue

十二月

xing zhuang

形状

yuan xing

圆形

zheng fang xing

正方形

chang fang xing

长方形

san jiao xing

三角形

qiu ti

球体

li fang ti

立方体

bai

白

huang

黄

cheng

橙

fen

粉

hong

红

zi

紫

lan

蓝

lü

绿

zong

棕

hui

灰

hei

黑

hen duo/shao xu

很多/少许

sheng qi/ping jing

生气/平静

mei/chou

美/丑

shou/wei

首/尾

da/xiao

大/小

ming/an

明/暗

xiong di/jie mei

兄弟/姐妹

gan jing/ang zang

干净/肮脏

wan zheng/que shi

完整/缺失

bai tian/wan shang

白天/晚上

si/sheng

死/生

kuan/zhai

宽/窄

ke shi yong/fei shi yong

可食用/非食用

xie e/shan liang

邪恶/善良

xing fen/wu liao

兴奋/无聊

pang/shou

胖/瘦

di yi/zui hou

第一/最后

peng you/di ren

朋友/敌人

man/kong

满/空

ying/ruan

硬/软

zhong/qing

重/轻

e/ke

饿/渴

sheng bing/jian kang

生病/健康

fei fa/he fa

非法/合法

cong ming/yu ben

聪明/愚笨

zuo/you

左/右

jin/yuan

近/远

xin/jiu

新/旧

mei you/you xie

没有/有些

lao/you

老/幼

kai/guan

开/关

da kai/he shang

打开/合上

an jing/chao nao

安静/吵闹

fu/qiong

富/穷

dui/cuo

对/错

cu cao/guang hua

粗糙/光滑

shang xin/gao xing

伤心/高兴

duan/chang

短/长

man/kuai

慢/快

shi/gan

湿/干

wen nuan/liang shuang

温暖/凉爽

zhan zheng/he ping

战争/和平

fan yi ci - 反义词

0

ling

零

1

yi

一

2

er

二

3

san

三

4

si

四

5

wu

五

6

liu

六

7

qi

七

8

ba

八

9

jiu

九

10

shi

十

11

shi yi

十一

12
shi er

十二

13
shi san

十三

14
shi si

十四

15
shi wu

十五

16
shi liu

十六

17
shi qi

十七

18
shi ba

十八

19
shi jiu

十九

20
er shi

二十

100
bai

百

1.000
qian

千

1.000.000
bai wan

百万

ying yu

英语

mei shi ying yu

美式英语

pu tong hua

普通话

yin di yu

印地语

xi ban ya yu

西班牙语

fa yu

法语

a la bo yu

阿拉伯语

e yu

俄语

pu tao ya yu

葡萄牙语

feng jia la yu

孟加拉语

de yu

德语

ri yu

日语

wo

我

ni

你

ta/ta/ta

他/她/它

wo men

我们

ni men

你们

ta men

他们

shei?

谁？

shen me?

什么？

zen yang?

怎样？

na li?

哪里？

shen me shi hou?

什么时候？

ming zi

名字

hou mian

后面

li mian

里面

qian mian

前面

shang fang

上方

shang mian

上面

xia mian

下面

pang bian

旁边

zhong jian

中间

di dian

地点